Dieses Buch ist für Lisa, Theresa und Benedikt,
für Annika und Merle und für alle,
die das Kind in sich nicht verloren haben ...

ADVENTSGESCHICHTEN, die du noch nicht kennst

Illustrationen von Paul Mangold

Texte von Cathrin Krygier

PESTALOZZI VERLAG

Die Zeit beginnt

Man sagt, es ist die schönste Zeit im ganzen Jahr.

Und nun beginnt sie – diese Zeit. Die Adventszeit!

Daniel und ich freuen uns besonders auf den spannenden Adventskalender, den wir jedes Jahr haben und der uns die langen 24 Tage bis zum Heiligen Abend verkürzt. Es ist eine Adventsstraße! Als wir noch klein waren, hat Mama sie für uns gemacht. Jetzt dürfen wir selber daran mitarbeiten. Wir brauchen dazu 24 Teelichter, die wir wie eine kurvenreiche Straße auf unseren Wohnzimmertisch stellen. Heute wurde bereits das erste Licht angezündet. Jeden Tag wird es eines mehr sein, sodass am Heiligen Abend 24 Lichter leuchten. Mama hilft uns beim Anzünden, damit wir uns nicht verbrennen.

Zu den Teelichtern kommt jeden Tag etwas Neues auf den Tisch. Heute, am ersten Dezember, ist es ein selbst gebastelter Stall aus Holz und Baumrinde. Morgen wird es vielleicht Stroh sein oder die Krippe, ein paar Nüsse oder kleine Holzhaufen, Maria oder Joseph, ein Ochse oder ein Schaf, der Weihnachtsstern oder ...

Vieles basteln wir selber – manchmal brauchen wir dazu die Hilfe von Mama und Papa. Manche Dinge finden wir aber auch auf Waldspaziergängen.

Eines ist jedoch sicher: Am 24. Dezember wird eine schöne Weihnachtskrippe auf unserem Wohnzimmertisch zu sehen sein. Und darauf freuen wir uns schon heute.

Er ist da!

Julius, der Freund von Luisa aus der Postgasse,
will heute früh einfach nicht aufstehen. „Ich bin noch so müde",
sagt er, „und außerdem ist es nirgendwo so schön
wie in meinem Bett." Luisa müsse halt mal allein in den Kindergarten
gehen, denn er habe vor, heute zu schwänzen.
Überhaupt fände er es reichlich doof, jeden Morgen früh
aufstehen zu müssen.
Er bräuchte gar keinen Kindergarten und könne ebenso gut zu Hause
spielen. So geht das noch eine ganze Weile weiter mit dem
Geschimpfe von Julius.
Seine Mutter hört sich das Ganze an und kann sich ein kleines –
wenn man genau hinguckt – etwas freches Grinsen nicht
verkneifen. Zu seiner Überraschung ist sie derselben Meinung.
Sie sagt: „Am besten, du verbringst den Tag im Bett, denn es ist ja
nirgendwo sonst so angenehm und gemütlich."
Dann geht sie zum Fenster und schiebt die Gardine beiseite,
damit Julius genug Licht zum Spielen im Bett hat.
Mit einem Mal springt er aus dem Bett und läuft wie ein
geölter Blitz ans Fenster. Was er sieht, kommt einem Wunder gleich.
Die Bäume sind mit kleinen,
funkelnden Diamanten übersät. Die Straßen, Wiesen und
Felder sehen aus wie
ein Meer aus Watte und das Stoppschild an der Ecke
gleicht einer riesigen Zuckerwatte.
Julius ruft aufgeregt: „Mama, er ist da – er ist da!
Der erste Schnee ist da!"
Und nun rate mal, wer an diesem Morgen freudestrahlend und früher
als sonst in den Kindergarten geht?

Das übermütige Sternenkind

Wenn du des Abends zum Himmel guckst,
siehst du viele, viele Sterne. Von einem dieser Sterne will ich dir
berichten. Die wunderschön leuchtende
Sternenmutter hat viele Sternenkinder. Sie sind lieb und folgsam.
Nur das kleinste ist anders.
Ständig turnt es auf Mutter Stern herum, zieht sie am Haar oder kitzelt
sie sogar. Jetzt hat sich dieser kleine Stern sogar in den Kopf gesetzt,
die Menschen auf der Erde zu besuchen.
Mutter Stern ist verzweifelt. Sie weiß genau,
dass ihr Kind kurz als
Sternschnuppe leuchten würde,
doch bald ist sein Licht dann für immer verloschen.
Sternenkinder sind aber nicht viel anders als Menschenkinder und
darum hört der kleine Wildfang nicht auf Mutters Worte.
Das Sternenkind nimmt Anlauf und stürzt sich mit lautem Jubelschrei in
die Tiefe. Als leuchtende Sternschnuppe fällt es immer tiefer. Mutter
Stern ist ganz starr vor Schreck.
Das Licht ihres Kindes wird schon ein wenig blasser, jeden Moment
müsste es ganz verblassen, da ...
Ja, da kommt gerade im richtigen Augenblick ein Engel die
Himmelsstraße entlang geflogen. Er hat die kleine Sternschnuppe fallen
sehen und stellt sich ihr schnell in den Weg.
In letzter Sekunde kann der Engel sie noch auffangen und sicher zu
Mutter Stern nach Hause bringen.
Die hat vor lauter Freude ihr hellstes Licht angeknipst.
Das Sternenkind muss sich erst einmal von dem Fall erholen.
Es ist nie wieder auf den Gedanken gekommen,
die Menschen zu besuchen.
Dafür hat es aber so manch anderen Unsinn gemacht –
schließlich war es nach wie vor ein
ausgelassenes Sternenkind.

Die Weihnachtsbäckerei

Heute hat Mama ihren freien Tag und muss nicht zur Arbeit gehen. Da hat sie sich vorgenommen, mit Lina Plätzchen zu backen. Aber zuerst gehen sie einkaufen. Als sie endlich mit allen Zutaten zu Hause sind, geht es los. Der Teig wird geknetet und natürlich probiert. Dann holt Mama die Ausstechförmchen. Lina sticht am liebsten Engel aus. Zwischendurch muss sie aber immer wieder Teig naschen. Er ist einfach so gut. Die ersten Bleche sind mit ausgestochenen Plätzchen belegt und kommen in den Backofen. Sofort breitet sich ein wunderbarer Duft aus. Lina darf den ersten fertigen Keks gleich probieren, aber sie muss tüchtig pusten, denn er ist noch heiß. Lecker – er schmeckt noch besser als der rohe Teig. Da klingelt das Telefon. Es ist die Oma, und Mama spricht lange mit ihr. Lina probiert inzwischen, ob die anderen Plätzchen auch so gut sind. Und ehe man sich's versieht, hat sie ein halbes Blech vernascht. O weh, Mama wird schimpfen! Doch als Mama die Bescherung sieht, hat sie eigentlich nur Angst um Linas Bauch. Die restlichen Plätzchen füllt sie in Dosen und versteckt sie auf dem Schrank, damit sie bis Weihnachten reichen. Doch als Papa von der Arbeit kommt und den köstlichen Duft riecht, macht er sich gleich auf die Suche – und das mit Erfolg. Mama guckt nach einiger Zeit in die Keksdose, es sind noch genau drei Plätzchen darin. „Für jeden eines“, lacht sie. „Gut, dass ich morgen wieder einen freien Tag habe.“

Heimliche Wünsche

Es war einmal vor langer Zeit ein Nussknacker,
der sich gar nicht glücklich fühlte. Wenn er sich allein glaubte,
fing er oft an zu seufzen und manches Mal
kullerte ihm auch eine Träne über die hölzerne Wange.
Er jammerte: „Ach, was bin ich doch nur für ein armer Kerl!
Nussknacker – was ist das schon? Ein grimmiges Gesicht hat man mir
aufgemalt, sodass die Kinder Angst vor mir bekommen könnten.
Wäre ich doch bloß ein Räuchermännchen! Sanft sieht es aus und
die Kinder staunen, wenn sie den wohlriechenden
Rauch aus ihm aufsteigen sehen.
Ach, wäre ich doch nur ein Räuchermännchen ..."
Hätte der Nussknacker nicht ständig gejammert, so hätte
er das Räuchermännchen gehört, das nicht allzu weit von ihm
stand. Wenn es nicht gerade rauchte, sprach es oft zu sich:
„Ach, was bin ich doch nur für ein armer Kerl!
Räuchermännchen – was ist das schon?
Stehe den ganzen Tag nur da und rauche vor mich hin.
Die Kinder trauen sich nicht, mich anzufassen, sie könnten sich ja
verbrennen. Wäre ich doch bloß ein Nussknacker! Die Kinder würden
mich in die Hand nehmen und sich freuen, wenn ich mit lautem
Geräusch die Nüsse knacken ließe.
Ach, wäre ich doch nur ein Nussknacker ..."
Ja, so jammerte auch das Räuchermännchen vor sich hin.
Schade, dass beide so laut jammerten, denn so konnten sie nicht hören,
wie die kleine Sophia eines Tages zu ihrer Mutter sagte:
„Du, Mama, ich weiß gar nicht, wen ich lieber habe: den Nussknacker
oder das Räuchermännchen ..."

Nikolaus bei Maja

Maja ist ein kleines Mädchen und acht Jahre alt. Sie geht nicht in die Schule. Dort, wo sie wohnt, müssen die Eltern Geld dafür bezahlen, damit ihre Kinder in die Schule gehen dürfen. Aber Majas Eltern haben kein Geld. Der Vater ist arbeitslos und die Mutter verdient nicht mal so viel, dass alle davon leben könnten. Maja putzt reichen Leuten die Schuhe. Von dem Geld, das sie bekommt, wird dann Brot gekauft.
Jetzt rufen viele Menschen Maja, um sich ihre Stiefel blank putzen zu lassen. Schließlich soll der Nikolaus die Stiefel sehen und dann mit leckeren Sachen füllen. Während Maja Stiefel putzt, wird sie immer trauriger. Sie hat keine Stiefel, in die der Nikolaus etwas legen könnte – nicht mal ein Paar Schuhe. So geht sie am Vorabend des Nikolaustages betrübt nach Hause und legt sich mit Tränen in den Augen ins Bett.
Als sie am nächsten Morgen auf die Straße tritt, wäre sie fast gestolpert. Auf der Türschwelle stehen wunderschöne Stiefel, gefüllt mit den herrlichsten Dingen. Maja will schon den Blick abwenden, als sie einen kleinen Zettel sieht, auf dem „Für Maja" steht. Ein paar Wörter kann sie lesen. Ihr Opa hat es ihr beigebracht. Sie ruft ihre Eltern, um ihnen das Geschenk zu zeigen. Alle drei umarmen sich und müssen vor Freude weinen. Bevor Maja und ihre Mutter an diesem Tag zur Arbeit gehen, planen sie ein kleines Fest, zu dem sie auch ihre Nachbarn einladen, die noch ärmer sind als sie selber.

Schwarzer Wolf und weißer Hase

Seit vielen Jahren leben der schwarze Wolf und der weiße Hase in dem großen Wald. Der Hase in seiner Erdkuhle und der Wolf in einer Höhle. Und seit vielen Jahren versucht der Wolf, den Hasen zu fangen. Doch bisher ist ihm das nie gelungen.
Inzwischen ist der Wolf alt geworden – alt und langsam. Und er hat sogar kahle Stellen im Fell.
Auch der Hase ist alt geworden – alt und schwach. So schwach, dass ihm das Buddeln in der Erde schwer fällt. Nur sein schönes, weißes, dichtes Fell sieht aus wie eh und je.
Dem Wolf wird angst und bange, wenn er an den Winter denkt. Mit seinem dünnen Fell wird er gewiss erfrieren. Wie schön wäre es, wenn er so ein dichtes Fell hätte wie der Hase. Ja, vielleicht sollte er ihn bitten, ihn im Winter zu wärmen. Er redet mit dem Hasen darüber. Doch dieser hat Angst, dass ihn der Wolf fressen will. Nun ist es Herbst. Das Wetter ist kalt und regnerisch. Während der Hase draußen im Gras sitzt, kauert sich der Wolf in seine Höhle und friert. Eines Tages regnet es so heftig, dass das Wasser alles mitreißt und der Hase fast umkommt. „Morgen mache ich mir eine neue, tiefere Kuhle“, denkt er sich. In der Nacht wird es bitterkalt – der Winter ist da. Der Boden ist so hart gefroren, dass es dem Hasen unmöglich ist, ein Loch zu buddeln. „Vielleicht“, überlegt er, „sollte ich den Wolf um einen Platz in seiner Höhle bitten.“ Wenige Zeit später sieht man ein seltenes Bild: Da liegt ein schwarzer Wolf friedlich neben einem weißen Hasen – sie sind Freunde geworden!

In Opas Keller

Für Joshua ist mal wieder ein besonderer Tag. Es ist Dienstag – also mitten in der Woche –, aber er geht nicht in den Kindergarten. Er darf zwei Tage schwänzen, um bei Oma und Opa zu schlafen. Das ist immer aufregend, denn irgend etwas Tolles passiert dort immer. Diesmal hat Opa gesagt, dass sie gemeinsam in den Keller gehen werden. Joshua freut sich wie verrückt. Keller, das bedeutet hämmern, sägen und bohren. Mal sehen, was Opa sich ausgedacht hat.

Beim Mittagessen bekommt Joshua kaum einen Bissen runter, so aufgeregt ist er. Dabei hat Oma Spagetti mit Fleischsoße gekocht. Nach dem Essen geht es noch nicht in den Keller. Es ist Mittagsruhe und die Nachbarn würden sonst womöglich aus dem Bett fallen. Also wird erst mal in aller Ruhe gespielt. Aber dann ist es endlich drei Uhr. Ab in den Keller! Joshua und Opa ziehen sich Arbeitskittel über.

Im Keller werden Vierecke auf ein großes Brett gezeichnet und dann ausgesägt. Puh, das ist anstrengend. Dann werden die Bretter zusammengeleimt. Eines als Boden und drei als Seitenwände. Zum Schluss leimen sie zwei Bretter wie ein Dreieck zusammen. Das kommt obendrauf. Damit alles stabil ist, werden die Bretter zusätzlich miteinander verschraubt.

Jetzt holt Opa Pinsel und Farben aus dem Schrank und das Häuschen wird angemalt. Fertig! Joshua strahlt über beide Ohren, als er Oma das selbst gebaute Vogelhaus zeigt. „Und morgen“, sagt Oma, „werden wir zwei Meisenknödel machen.“

So ein Pech!

Ja, so viel Pech hatten Mara und ihre Eltern schon lange nicht mehr. Als Erstes ging die Heizung kaputt. Und das ausgerechnet heute, wenn der Heizungsmonteur einen vollen Terminkalender hat und erst morgen gegen Mittag kommen kann. Es ist ganz schön eisig in der Wohnung. Mara hat sich den dicksten Pullover aus dem Schrank geholt und angezogen. Ihre Eltern sind auch ganz dick eingepackt – Mama schleppt sogar eine Wärmflasche mit sich herum.
Und jetzt, wo es bereits dunkel ist, fällt der Strom aus und sie haben kein Licht. Papa holt alle Kerzen, die er finden kann, und zündet sie an. Es sind dicke Stumpenkerzen, lange dünne Kerzen, Ostereierkerzen, Geburtstagskerzen und die Nikolauskerze, die am 6. Dezember in Mamas Stiefel lag. Dann macht Papa noch die Weihnachtspyramide an und alle kuscheln sich aufs Sofa. Mara hat eine Idee. Sie holt den Bunsenbrenner aus ihrem Chemiekasten und damit wird erst mal ein duftender Weihnachtstee gekocht. Mama schält noch Orangen und Mandarinen und Papa holt das dicke Weihnachtsbuch mit den besonders schönen Geschichten.
So machen sie es sich im Wohnzimmer gemütlich und verbringen gemeinsam einen wundervollen Abend.
Die Lichter der Kerzen spenden ein traumhaft schönes Licht und geben so viel Wärme ab, dass Mara sogar ihren dicken Pullover ausziehen kann.
„Es ist gar nicht so schrecklich, wenn Heizung und Strom mal ausfallen ...", denkt Mara.

Ein Wintertraum

Kati war heute den ganzen Tag mit ihren Freundinnen draußen, denn es hat herrlich geschneit. Jetzt liegt so viel Schnee auf den Wiesen, dass kein Grashalm mehr herausguckt. Kati ist durch den Schnee getobt und hat gemeinsam mit ihren Freundinnen eine ganze Schneemannfamilie gebaut. Nun ist sie müde und friert. Mama macht ihr ein schönes warmes Bad und einen Fliedertee zum Aufwärmen. Danach geht Kati ins Bett und schläft sofort ein.

Im Traum begegnet ihr Familie Schneemann.
Herr und Frau Schneemann haben gerade ihre Besenstiele beiseite gestellt und fassen sich an den Händen, um zu tanzen.

Die Schneemannkinder bilden einen großen Kreis mit ihren Eltern, drehen sich und singen laut und fröhlich. Dann laufen alle zu dem großen zugefrorenen Teich. Das sieht vielleicht witzig aus, wie ihre dicken Bäuche hin und her wackeln! Auf dem Teich schlittern alle über das Eis. Vorsicht! Zu spät, Herr Schneemann sitzt bereits. Gut, dass er weich gefallen ist! Die Schneemannkinder kichern vergnügt.
Aus weiter Ferne klingt wunderschöne Musik und Herr und Frau Schneemann tanzen auf dem Eis einen Walzer.
Nebel zieht auf. Kati kann die Schneemänner kaum noch erkennen. Immer undeutlicher wird das Bild.
Nur die Musik kann sie noch hören. Sie schlägt die Augen auf. Schnell läuft sie zum Fenster. Dort steht Familie Schneemann genau wie gestern, als hätte sie nicht noch vorhin getanzt.

Vom Weihnachtsmann, der keiner sein wollte

Hoch oben in der Himmelsküche geschah etwas sehr Merkwürdiges.

Die Engel hatten gerade zehn Backbleche voll Weihnachtsmänner gebacken. Während die Engel den Weihnachtsmännern Nüsse und Korinthen auf die Bäuche drückten und ihnen lange Bärte aus Zuckerguss spritzten, sprachen sie über die gelungenen Backwerke. Sie malten sich aus, wie die Kinder auf der Erde gucken würden, wenn sie in das süße Naschwerk bissen. Als das der größte Weihnachtsmann zu hören bekam, wurde es ihm furchtbar bange.

Nein, er wollte nicht, dass jemand in ihn hineinbiss – auch kein hungriges Kind. Das würde ihm ja wehtun und außerdem wäre dann seine ganze Pracht dahin. Der Weihnachtsmann holte tief Luft, nahm all seine Kraft zusammen und sprang vom Backblech. Dabei wäre ihm beinah eine Korinthe vom Bauch geplatzt. Dann lief er, so schnell ihn seine Beine trugen, davon. Das ging so schnell, dass die Engel sein Verschwinden gar nicht bemerkten.

Als dann die bunten Weihnachtsteller für die Kinder belegt wurden, fehlte ein Weihnachtsmann. Zum Backen war nun keine Zeit mehr und daher ließen sich die Engel etwas Besonderes einfallen: Auf den bunten Teller von Lars legten sie an Stelle des Weihnachtsmannes das Backrezept. So konnte sich Lars seinen eigenen Weihnachtsmann backen.

Versuch du es auch einmal. Hier ist das Rezept, direkt aus der Himmelsküche – aber pass gut auf, dass dein Weihnachtsmann nicht davonläuft!

Du brauchst:

500 g Mehl, 300 ml Milch, 100 g Zucker, 100 g Butter, 1 Päckchen Hefe, 1 Ei, etwas Salz, Zitrone, Nüsse und Korinthen.

Wenn es bei uns dunkel ist ...

Der Tag ist vorüber.
Es ist schon fast dunkel und auf den Straßen sind nur noch wenige Menschen zu sehen. Die Kinder liegen schon lange im Bett und schlafen. Aus den Häusern steigt heller Rauch in den dunklen Abendhimmel.
Es ist eisig und die Luft riecht nach Schnee.
Während auf der Erde Ruhe einkehrt, beginnt oben im Himmel die Arbeit. Petrus hat die Engelsschar in diesem Jahr früher als sonst geweckt. Der Grund dafür sind die vielen artigen Kinder auf der Erde. Die Sternschnuppen konnten wirklich nur Gutes über die Erdenkinder berichten. Und als das Christkind die vielen Wunschzettel las, wurde es ihm fast schwindelig – so viele Wünsche!
Also: ran ans Werk!
Jetzt wird im Himmel eifrig gearbeitet. Es werden Puppenbetten, Eisenbahnen und Bauernhöfe gebaut.
Die Puppen bekommen Haare und Kleider, und so manches Steckenpferd erhält noch seine Mähne. Für das Kasperletheater, das Leni bekommen soll, werden noch die Figuren geschnitzt.
Der Kasperle bekommt gerade seine große Nase – er sieht damit richtig lustig aus.
In der Schneiderwerkstatt sind die Engel beim Nähen.
Ute wünscht sich schon seit langem ein Kleid mit Rüschen und das soll sie in diesem Jahr bekommen. Ihre Puppe Bruni bekommt das gleiche Kleid! So arbeiten im Himmel viele fleißige Hände an den Weihnachtsgeschenken, während auf der Erde alles im Dunkeln liegt.

Essen mit Mama

Lukas geht mit seiner Mutter in die Stadt. Er soll Winterstiefel bekommen und dann wollen sie zu Mittag gemeinsam essen gehen. Lukas darf aussuchen, wohin. Natürlich will er irgendwohin gehen, wo es Pommes und Ketschup gibt. Und nach dem Essen möchte er noch auf den Weihnachtsmarkt und dort gebrannte Mandeln als Nachtisch essen. Aber erst ziehen sie durch Dutzende Schuhgeschäfte. Rein in die Stiefel, raus aus den Stiefeln – so geht das die ganze Zeit. Endlich haben sie ein Paar gefunden, das gut passt und Lukas auch gefällt. Jetzt ab zum Mittagessen. Lukas kann nur noch aufgeregt von Pommes, Ketschup und Mandeln reden. Plötzlich verstummt er und sieht ganz traurig aus. Als die Mutter seinem Blick folgt, sieht sie einen armen, abgemagerten Mann auf dem Boden sitzen, der um Essen bettelt. Die Mutter will weitergehen, doch Lukas hält sie zurück. „Mama", sagt er, „lass uns für den Mann etwas zum Essen und einen warmen Tee kaufen. Ich brauche weder Pommes noch Mandeln, bitte lass diesen Mann nicht hungern. Wenn wir nach Hause kommen, können wir die restliche Suppe von gestern essen. Die war doch auch ganz lecker." Und so kaufen sie für den armen Mann eine warme Mahlzeit, einen Tee und sogar noch ein ganzes Brot und Käse für den Abend. Für Lukas gibt es Suppe vom Vortag und – eine kleine Tüte gebrannte Mandeln.

Weihnachten bei den Zwergen

Was sagst du? Es gibt gar keine Zwerge?
Ich will dir mal eine Geschichte
erzählen: Im Land der Zwerge geht es seltsam zu.
Da sprechen die Zwerge die Sprache aller Tiere und die Tiere
verstehen die Zwergensprache. Alle leben friedlich nebeneinander.
Der Fuchs versteht sich mit dem Hasen, die Eule lässt die Mäuse in
Ruhe und der Igel macht sich nichts aus Würmern. Doch wovon leben
die Tiere? Die Vögel fressen Getreidekörner.
Die bekommen sie jeden Tag zusammen mit frischem
Wasser von den Zwergen.
Auch die Hamster, Feldmäuse und Hasen fressen Körner. Die Tiere,
die das nicht mögen, bekommen einen wohlschmeckenden Brei.
Den kochen die Zwerge jeden Tag ganz frisch aus den besten
Zutaten. Tagaus, tagein versorgen die Zwerge die Tiere im Wald.
Aber am Weihnachtstag ist es umgekehrt.
Die Meisen kochen den Hirsebrei und die Igel die Pilzsuppe.
Der Fuchs kehrt das Zwergenhaus und während die Biber die kleinen
Badewannen aus Baumrinde mit Wasser füllen, bügelt der Hamster die
Hemden. Die Bären massieren den Zwergen den Rücken,
da er von der vielen Arbeit ganz verspannt ist, und die Wühlmäuse
kämmen ihnen Haar und Bart.
Wenn alles bereit ist, singen die Meisen ihre schönsten Lieder und im
Zwergenwald wird Weihnacht gefeiert.
Ja, so geht es da zu.
Und nun komm du nicht daher und behaupte,
es gäbe keine Zwerge!

Von den Kleinigkeiten

In unserem Haus wohnt eine alte Dame.
Frau Schubert heißt sie und sie ist ganz allein.
Sie hat nur Bodo, ihren kleinen Hund. Manchmal besuchen wir sie.
Wir, das sind Jenny, Lars, Tina und ich.
Dann unterhalten wir uns mit ihr oder wir spielen mit Bodo. Bodo – eigentlich ist der an allem schuld! Als Frau Schubert letzten Dienstag mit ihm spazieren war, ist er einfach einer Katze hinterhergerannt und hat sein Frauchen zu Boden gerissen.
Seither kann sie nicht mehr gehen.
Heute bin ich mit Jenny, Lars und Tina verabredet.
Es ist der dritte Advent,
und den möchten wir mit Frau Schubert feiern.
Sie bittet uns herein, sagt aber gleich, dass sie uns nichts anbieten kann, weil sie ja nicht zum Einkaufen kommt. Aber das macht nichts.
Jeder von uns hat, wie verabredet, etwas mitgebracht.
Jenny hat ihre Flöte dabei, Lars drei rote Kerzen und ein Räuchermännchen. Tina hat ein dickes Weihnachtsbuch und einen schönen Tannenzweig mitgebracht, und ich Früchtepunsch
und selbst gebackene Plätzchen.
Wir machen es uns dann auch richtig schön: Wir singen Lieder, lesen Geschichten und essen, bis die Hosen kneifen. Die Zeit vergeht leider viel zu schnell. Jeder von uns hat mit einer Kleinigkeit dazu beigetragen, dass wir alle zusammen große Freude hatten. Zum Abschied bekommt Frau Schubert von uns einen Arbeitskalender.
Darin steht, wann wir ihre Wohnung aufräumen,
für sie einkaufen und Bodo spazieren führen. Ich glaube,
sie hat vor Freude feuchte Augen.

Auf dem Weihnachtsmarkt

Freitags arbeitet Papa nur bis Mittag und er hat mal richtig Zeit, um mit uns zu spielen. Doch heute ist ein besonderer Freitag, denn Papa hat gesagt, dass die ganze Familie zum Weihnachtsmarkt fährt. Da bin ich vor Freude mit Daniel durch die Wohnung getanzt.

Auf dem Weihnachtsmarkt fahre ich ganz viel Bimmelbahn. Es ist schön, dabei die Augen zu schließen und die kalte Winterluft zu genießen. Ich sitze vorn in der Lokomotive und jedes Mal, wenn ich an Mama und Papa vorbeisause, bimmele ich an der Glocke. Nach der vierten Runde wollen sie dann aber doch weitergehen. Wir folgen dem guten Duft und kommen an einen Bratapfelstand. Mmmh, ist das lecker! Mit vollem Bauch und klebrigem Mund geht's nun zum Riesenrad. Wir können über die Dächer der Stadt gucken. „Sieh nur, Sophia", ruft mir Daniel zu. „Die Menschen unten sehen so winzig aus wie Zwerge!"

Jetzt haben wir schon wieder Hunger. Das muss wohl an den guten Düften liegen. Es riecht nach Mandeln und Nüssen, nach Apfelsinen und Maronen, nach Lebkuchen und Printen. Nachdem jeder eine ganze Portion heiße Maronen verdrückt hat, sind wir müde und wollen heim. Ich darf mir noch ein Lebkuchenherz aussuchen und Daniel eine Tüte Mandeln.

Danke Mama, danke Papa – es war so schön!

Der große Wunsch der kleinen Tanne

Im Hasenwald ist jedes Jahr kurz vor Weihnachten ordentlich was los, denn es werden Tannenbäume verkauft. Die schönsten Bäume werden gefällt. Es ist der größte Wunsch eines jeden Baumes, am Weihnachtsabend schön geschmückt in der Stube zu stehen. So kommt es, dass die Bäume schon im Sommer darüber wetteifern, wer wohl schön genug für die Weihnachtsstube sein wird. Sie recken ihre Spitzen stolz in den Himmel und betonen ihren geraden Wuchs. Vor lauter Eitelkeit meinen sie, auch noch schlecht über die krummen Tannen reden zu müssen. Über eine Tanne wird besonders viel gespottet. Zugegeben, sie ist wirklich sehr schief gewachsen und das Grün ihrer Nadeln ist gräulich. Trotzdem ist es auch ihr größter Wunsch, an Heiligabend geschmückt zu sein. So vergehen Sommer und Herbst. Während die großen Tannen immer prächtiger werden, kümmert die schiefe, kleine Tanne traurig vor sich hin. Eine Woche vor Weihnachten markiert der Förster alle Tannen, die gefällt werden sollen, mit einem roten Band. Die kleine Tanne bekommt keins und ist sehr traurig. Kurz darauf kommen viele Menschen mit Äxten und Sägen in den Wald. Sie beginnen die schönsten Tannen abzusägen oder mit der Axt zu fällen. Die schiefe Tanne hört dabei ein lautes Jammern. Zu spät merken die Tannen, dass sie für die kurze Zeit der Herrlichkeit von ihren Wurzeln getrennt werden. Da spürt die kleine Tanne, was es heißt zu leben. Es ist ihr egal, ob sie schief, grau oder hässlich ist. Sie spürt eine ungeahnte Kraft und schüttelt die Traurigkeit der vergangenen Zeit von sich. Dann hebt sie ihre Äste zaghaft hoch, sodass die paar Tannenzapfen wie kleine Christbaumkugeln aussehen.

Streit in der Weihnachtspyramide

Da steht sie, die Weihnachtspyramide.
Wie sie uns in der Adventszeit mit ihrer Ruhe und ihrem Licht verzaubert!
Unten stehen Schafe, manche liegen auch. Dazwischen die Hirten,
sie geben gut Acht, dass keinem Schaf etwas zustößt.
Der eine Hirte trägt ein kleines Lamm,
das müde ist vom Laufen. Über den Schafen drehen
sich die Bläser. Ihre Wangen sind prall aufgeblasen und die
Köpfe vor Anstrengung ganz rot. Aufrecht stehend halten sie ihre
Posaunen an den Mund, um Lieder zu spielen. Über den Bläsern ist der
Stall mit Esel, Ochs und Schafen.
Esel und Ochs liegen im Stroh. Nur die Schafe sind neugierig an die
Krippe herangetreten. Dort sitzen Maria und Joseph.
Sie blicken auf ihr Kind, das schlafend in der Krippe liegt.
Die Heilige Familie merkt gar nicht, was in der Pyramide vor sich geht.
Über dem Stall singen große und kleine Engel mit glockenklarer Stimme,
und ganz hoch oben, weit über der Pyramide steht ein funkelnder Stern.
Sein Licht ist so hell, dass er eine Nacht zum Tag machen könnte.
Pst, sei mal ganz leise. Hörst du nichts?
Das gibt es doch nicht!
Da streiten sich die einzelnen Etagen der Pyramide
darüber, welche uns Menschen wohl am meisten gefällt.
Gibt es denn überall nur Zank und Streit? Seid mal still,
ihr Hirten und Schafe, ihr Bläser, du Esel und Ochs,
ihr Engel und du Stern!
Wir mögen euch alle gleich.
Aber erst dann, wenn ihr euch gemeinsam dreht,
fühlen wir uns von euch verzaubert.

Die Wolkenhüpfburg

Hoch oben im Himmel sind die Engel jetzt zur Weihnachtszeit
sehr beschäftigt.
Sie backen und nähen, sie hämmern und hobeln, sie streichen
und kleben, sie stopfen und putzen – dann packen sie alles
wunderschön ein. Ein jeder Engel fasst mit an, damit die viele Arbeit
auch geschafft wird. Jeder Engel? Nein, sieh nur, da
haben sich doch zwei kleine einfach aus dem Staub gemacht
und toben durch den Himmel. Ausgerechnet diese beiden Bengel,
denen es nicht schaden würde, ihre Backkünste zu vertiefen!
Denn ihre letzten Plätzchen waren alles andere als lecker.
Doch was machen die zwei?
Eben schieben sie die dicken Schneewolken
zusammen und bauen sich daraus eine Burg.
Das gab es noch nie im Himmel! Und jetzt – ja, jetzt hüpfen die
beiden Engel wie ausgelassene Kinder auf
ihrer Wolkenhüpfburg herum. Sie sind schon ganz aus der
Puste, hüpfen aber dennoch weiter.
Und dann passiert es:
Aus der Wolkenburg lösen sich durch die Hüpferei viele
kleine Schneeflocken. Es beginnt zu schneien!
Die kleinen Engel kreischen vor
Vergnügen und die Kinder auf der Erde freuen sich und toben
lachend durch den Schnee. Sie holen ihre Schlitten und
Skier heraus und bauen Schneemänner.
So haben auch diese kleinen Engel vielen, vielen Kindern
eine große Freude bereitet –
doch diesmal nicht durch ihre Arbeiten,
sondern einfach durch Hüpfen.

Auch Engel haben Freunde

Ja, sehe ich denn richtig?
Da, dort hinten, hinter der dicken Wolke, da sitzt doch ein Engelchen auf einer Sternschnuppe und weint ganz fürchterlich. Und es hält sich den rechten Daumen. Potzblitz, der ist ja dick wie eine Rübe und so rot wie eine Tomate! Also, da muss ich mal genauer hinschauen, was da wohl passiert ist. Ja, das gibt es doch gar nicht: Da liegen große Bretter und Nägel und ein Hammer. Ich glaube, unser kleines Engelchen wollte das Puppenhaus zimmern, das sich die Luisa aus der Postgasse 23 sehnlichst wünscht. Und jetzt hat es sich so arg am Daumen verletzt, dass es bitterlich weinen muss. Ja, was ist denn das nun schon wieder? Heute ist ein seltsamer Tag voll wunderlicher Ereignisse. Erst haut sich das kleinste Engelchen beim Handwerken den Daumen dick und dann fliegen lauter Gänse durch die Luft und schnattern so laut, dass man sein eigenes Wort nicht verstehen kann. Aber nein, das sind gar keine Gänse – das ist die ganze himmlische Engelsschar. Sie haben wohl das Engelchen weinen hören und nun eilen sie ihm zu Hilfe. Sie trösten es und verbinden ihm den Daumen. Dann nehmen sie Bretter, Nägel und Hammer und bauen das Puppenhaus für Luisa und schließlich tragen sie das kleine, verletzte Engelchen in den Himmel.
Dort verwöhnen sie es mit Engelspunsch und köstlichen Himmelskeksen.
Wie gut, dass auch Engel Freunde haben!

Ein Tier für Bernd

Bernd wünscht sich nichts sehnlicher als ein eigenes Tier. Nun ist es draußen schon recht kalt geworden und das Weihnachtsfest rückt immer näher. Ob ihm das Christkind in diesem Jahr eines bringt? Seine Eltern sagen, das ginge nicht, weil er doch gegen Tierhaare und Vogelfedern allergisch sei.
Heute hat Bernd Besuch von Conny und Peter.
Die drei gehen aufs Feld und spielen dort Verstecken.
Jetzt muss Conny die Jungs suchen. Das ist gar nicht einfach, so gut haben sich die beiden versteckt. Peter ist in den kleinen Graben gesprungen und hat sich geduckt. Das Wasser ist bereits gefroren, sodass er keine nassen Füße bekommt. Bernd ist ins Wäldchen gelaufen und hat sich hinter einem dicken Baum versteckt. Auf einmal bemerkt er vor sich einen kugelrunden, gemusterten Stein. Er geht darauf zu und will ihn aufheben. Autsch! Der Stein ist gar keiner. Es ist ein kleiner Igel, der sich vor Kälte und Angst zusammengerollt hat. Bei der Kälte müsste das Tier schon längst in seinem Winternest liegen und schlafen. Das hat Bernd erst letztens in der Schule gelernt. Er hebt den Igel behutsam auf. Dann ruft er Conny und Peter und sie gehen mit ihrem Findelkind nach Hause. Dort wird der Igel gewogen und Bernds Mutter macht für das Tier eine Kiste zurecht. Der Igel ist viel zu leicht, um draußen in der Kälte zu überleben. So darf er bei Bernd und seinen Eltern bleiben.
Bernd ist überglücklich. Endlich hat er ein Tier, um das er sich kümmern kann – wenn auch nur für einen Winter.
Und das Tollste ist: Der Igel hat weder Fell noch Federn!

Weihnachtsgeschenke

Doro, Molle und Jan haben Bedenken, ob es das Christkind in diesem Jahr schafft, für alle Menschen Geschenke zu bringen. Und damit niemand traurig ist, wollen sie ihm helfen. Zuerst eine Überraschung für Oma und Opa. Die beiden jammern immer, dass ihre Kerzen so schnell abbrennen, und darum sollen sie eine ganz große Kerze bekommen. Dazu nehmen die drei einen dicken Docht und alte Wachsreste. Die werden geschmolzen. Dann wird eine Wachsschicht nach der anderen in eine alte Erbsendose gegossen, bis sie voll ist. Als das Wachs hart ist, nimmt Molle die Kerze aus der Form. Das ist aber schnell gegangen!

Für Papa gibt es etwas zum Naschen. Doro, Molle und Jan wollen Pralinen für ihn machen. In einem Topf lassen sie Schokolade und Kokosfett schmelzen. Dann rühren sie einfach Cornflakes darunter. Von dieser Masse kommen kleine Häufchen auf einen Teller. Im Kühlschrank werden die Pralinen schnell fest und können dann in eine bunt bemalte Schachtel gelegt werden.

Ja, und Mama? Die bekommt Stempelbriefpapier, weil ihres immer so langweilig weiß aussieht. Die drei holen sich Kartoffeln aus dem Keller und schnitzen daraus mit einem Messer vorsichtig die Stempel. Es gibt Kreise, Vierecke, Dreiecke, Herzen und vieles mehr. Diese Stempel werden mit Wasserfarben eingefärbt und aufs Papier gedrückt.

Ist doch ganz einfach, nicht?

Na, hast du auch Lust bekommen, dem Christkind zu helfen?

Winterwald

Es ist der vierte Advent. Bald schon ist Heiligabend.
Die Menschen werden immer unruhiger, immer hektischer.
Dabei sollte es doch eine ruhige, stille Zeit der Besinnlichkeit sein.
Wir wollen den Rummel hinter uns lassen. Vor der Stadt ist ein Wald,
eigentlich eher ein Wäldchen.
Hier ist es ruhig. Nein, ganz ruhig ist es auch hier nicht.
Aber was wir hier hören, gibt uns Ruhe und lässt uns glücklich sein.
Horch mal, da zwitschern ganz zart ein paar Vögel.
Jetzt können wir sie auch sehen. Sie sitzen in der großen schnee-
bedeckten Tanne und picken Körner aus einem Futterring.
Hat den wohl der Förster aufgehängt,
der auch die Futterkrippe nahe der Tanne
mit Heu gefüllt hat?
Pst – wenn wir ganz leise sind, können wir noch mehr hören.
Von Zeit zu Zeit knackt es und wir hören ein ächzendes Geräusch.
Das sind die Bäume, die unter der Last des
Schnees ächzen und stöhnen.
Es liegt viel Schnee. Er glänzt so stark in der
Nachmittagssonne, dass er uns blendet.
So können wir kaum den Hasen erkennen,
der gerade in seinem Bau verschwindet.
Und dort hinten steht ein Reh – es sind sogar zwei.
Ob sie an die Futterkrippe wollen?
Sie trauen sich bestimmt nicht näher,
weil wir hier sind.
Komm, wir wollen wieder nach Hause gehen.
Lass uns die Ruhe und den Frieden des Winterwaldes
in unsere laute Stadt mitnehmen.

Der Heilige Abend

Heiligabend ist ein ganz besonderer Tag im Jahr.
Die Wohnungen sind geputzt, das Essen ist vorbereitet, der
Tannenbaum geschmückt und die letzten Geschenke verpackt.
In der Wohnung duftet es herrlich nach Weihrauch und Tannengrün,
nach Bratäpfeln und Kerzenwachs. So mancher CD-Player spielt
Weihnachtsmusik. In einigen Häusern wird auch selbst musiziert
und gesungen. Das eine oder andere Kind
lernt noch rasch ein Gedicht auswendig.
An diesem Tag strömen die Menschen in die Kirche,
wenn der Klang der Glocken sie ruft.
Sie hören wieder die Weihnachtsgeschichte.
Wie es damals war, als Maria und Joseph von Haus zu Haus zogen
und Maria schließlich in einem Stall ihren Sohn gebar.
Es heißt, ein König wurde geboren – ein Kindkönig, wie meine
Tochter einmal sagte. Jesus, der Kindkönig.
Dann strömen die Menschen wieder nach Hause.
Sie haben in der Kirche vieles gehört und sie nehmen viele
Gedanken und Gefühle mit sich heim.
Was macht der Heilige Abend mit uns?
Wie schafft er es, dass Angst zu Hoffnung wird, Gewalt zu Frieden,
Ohnmacht zu Kraft und Mut und Krach zu leisen Tönen?
Traurigkeit versiegt, Lieblosigkeit schwindet aus unseren
Blicken und wir gehen aufeinander zu.
Wir lächeln einander an, wir schenken uns Vertrauen und Liebe.
Wie macht er das nur, der Heilige Abend?
Was wäre das für eine Welt,
wenn wir uns etwas von dieser Hoffnung und Liebe
in unserem Herzen bewahren würden!